Mama

mamã

Papa

papá

Junge

menino

Mädchen

menina

1

eins

um

2

zwei

dois

3

drei

três

4

vier

quatro

5

fünf

cinco

6

sechs

seis

7

sieben

sete

8

acht

oito

neun

nove

zehn

dez

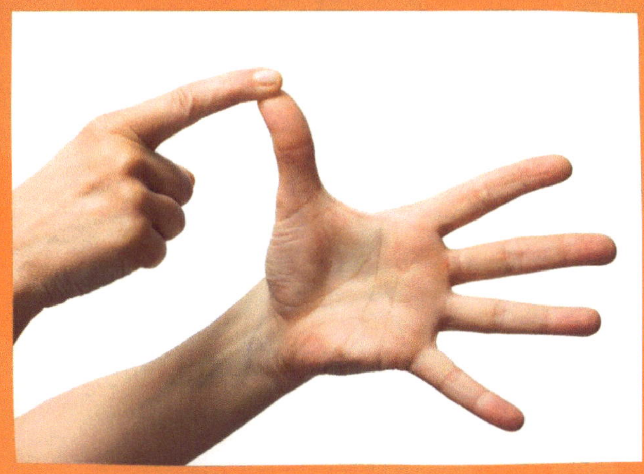

zählen

contar

schreiben

escrever

zeichnen

desenhar

malen

pintar

Kreis

círculo

Quadrat

quadrado

Rechteck

retângulo

Dreieck

triângulo

Stern

estrela

schwarz

preto

weiß

branco

braun

castanho

rot

vermelho

blau

azul

gelb

amarelo

grün

verde

lila

roxo

grau

cinzento

orange

laranja

rosa

rosa

Apfel

maçã

Banane

banana

Ananas

ananás

Wassermelone

melancia

Birne

pera

Weintrauben

uvas

Mango

manga

Pfirsich

pêssego

Erdbeere
morango

Kirsche
cereja

Orange
laranja

Kokosnuss
coco

Zitrone

limão

Pilz

cogumelo

Mais

milho

Tomate

tomate

Kürbis

abóbora

Gurke

pepino

Karotte

cenoura

Kartoffel

batata

Zucchini

curgete

Spinat

espinafre

Blumenkohl

couve-flor

Ei

ovo

Teller

prato

Löffel

colher

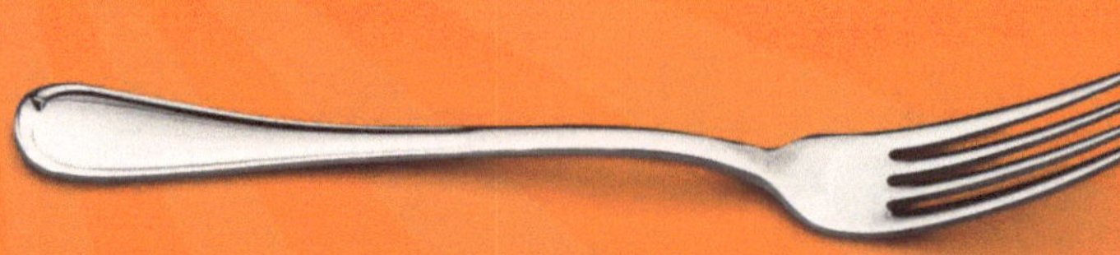

Messer

faca

Gabel

garfo

Kuchen

bolo

Babyflasche

biberão

Süßigkeiten

doces

Käse

queijo

trinken

beber

essen

comer

heiß

quente

kalt

frio

klein

pequeno

groß

grande

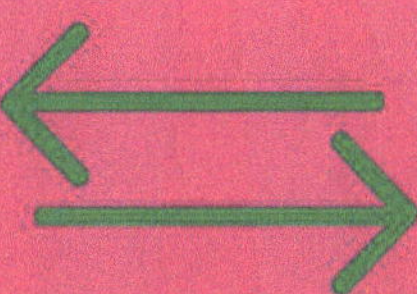

kurz

curto

lang

longo

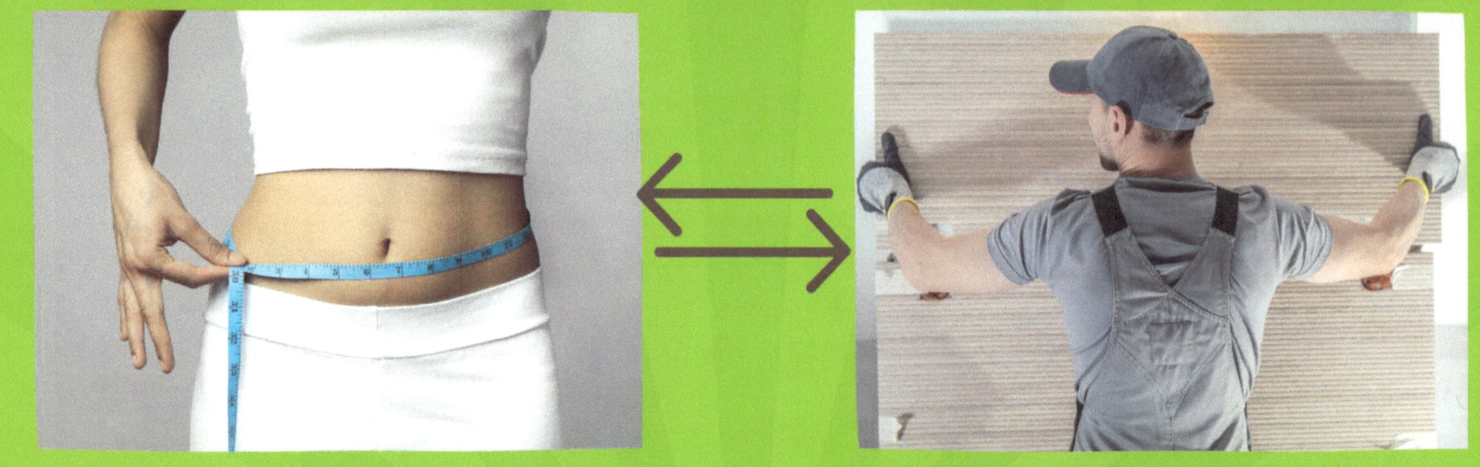

dünn

fino

groß

grande

leicht

fácil

schwierig

difícil

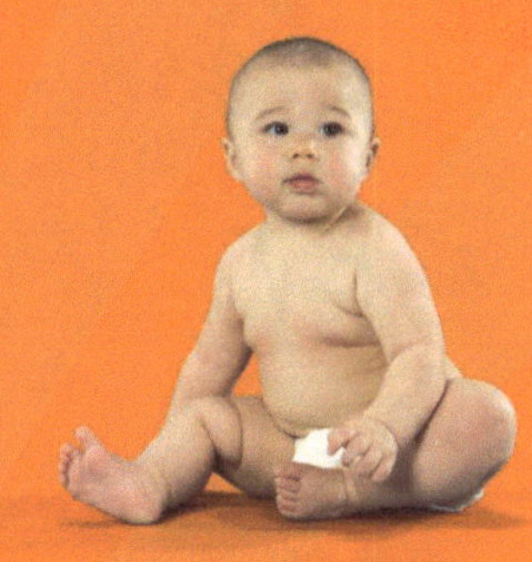

aufstehen

levantar-se

hinsetzen

sentar-se

süß

doce

salzig

salgado

schwer

pesado

leicht

leve

in

dentro

aus

fora

dreckig

sujo

sauber

limpo

schließen

fechar

öffnen

abrir

Bleistifte

lápis

Uhr

relógio

Schlüssel

chave

Buch

livro

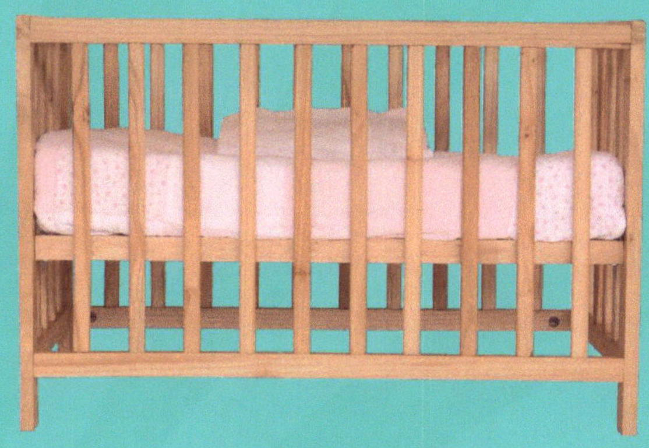

Bett

cama

Krippe

berço

Tisch

mesa

Stuhl

cadeira

Auto

carro

Fahrrad

bicicleta

Flugzeug

avião

Boot

barco

Zug

comboio

Hubschrauber

helicóptero

Feuerwehrauto

camião dos bombeiros

Feuerwehrmann

bombeiro

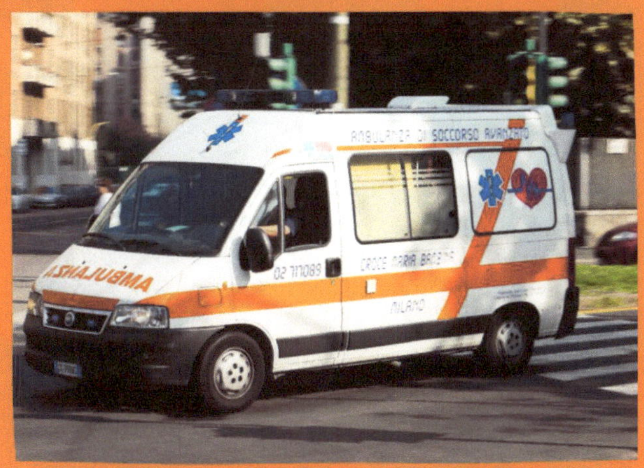

Krankenwagen

ambulância

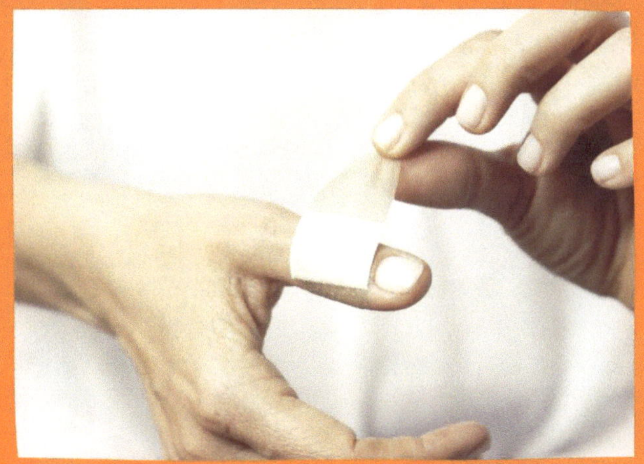

Verband

ligadura

Rettungssanitäter

paramédico

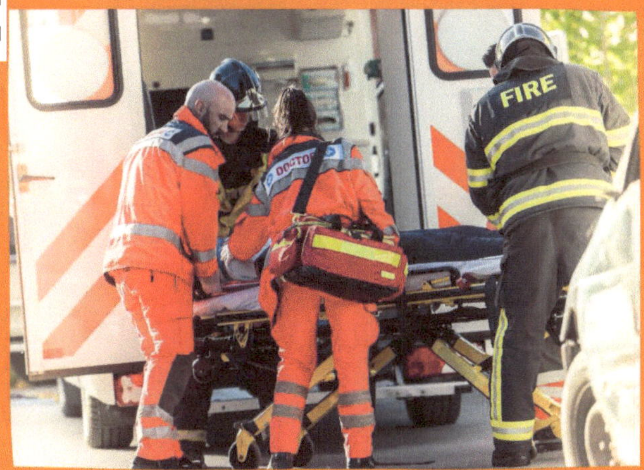

Rettungsteam

equipa de resgate

Wald

floresta

Berg

montanha

Gras

relva

Sand

areia

Baum

árvore

Blume

flor

Schmetterling

borboleta

Ameise

formiga

Katze

gato

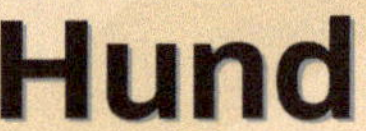

Hund

cão

Pferd

cavalo

Maus

rato

Kuh

vaca

Schwein

porco

Schaf

ovelha

Ente

pato

Gans

ganso

Hase

coelho

Fisch

peixe

Tierärztin

veterinário

Doktor

médico

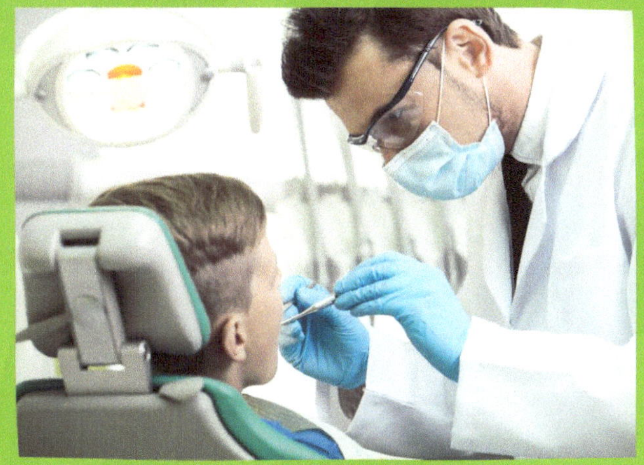

Zahnarzt

dentista

Apotheker

farmacêutico

Krankenschwester

enfermeira

Kopf

cabeça

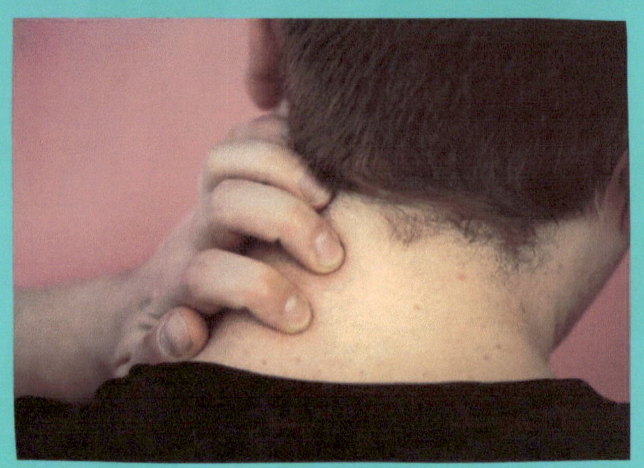

Hals

pescoço

Fuß

pé

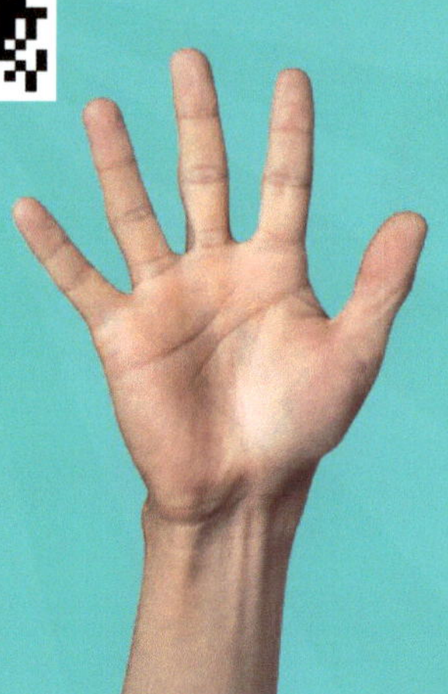

Hand

mão

Zähne

dentes

Auge

olho

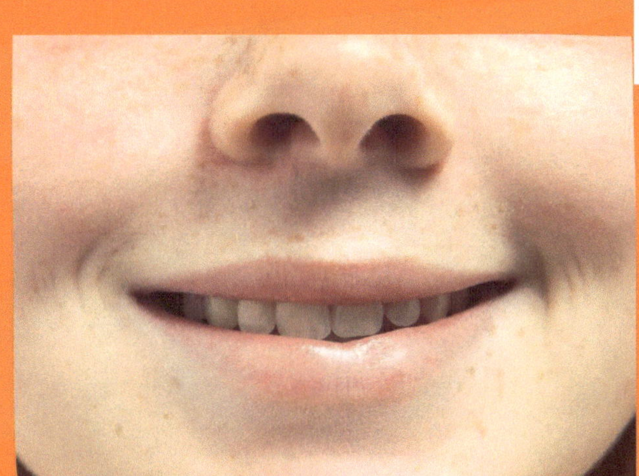

Mund

boca

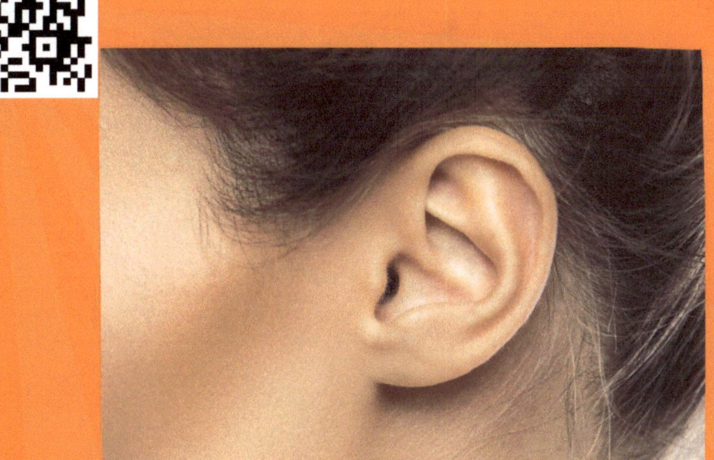

Ohr

orelha

Hut

chapéu

Kleid

vestido

Hose

calças

Schuhe

sapatos

Mantel

casaco

Schal

cachecol

Regenschirm

guarda-chuva

Brille

óculos

Sonne

sol

wolkig

nublado

regnerisch

chuvoso

Mond

lua

www.ingramcontent.com/pod-product-compliance
Lightning Source LLC
LaVergne TN
LVHW071208160826
845679LV00003B/776

* 9 7 9 1 0 4 1 7 0 5 2 3 8 *